'n Geskenk

aan

_____

van

_____

Outeursreg © 2002
Lux Verbi.BM, Posbus 5, Wellington 7654
Tel: (021) 873-3851/864-8200
E-pos: annakem@mweb.co.za

Alle regte voorbehou

Geen gedeelte van hierdie publikasie mag op enige manier sonder
die skriftelike toestemming van die uitgewer gepubliseer word nie

Tensy anders aangedui, is alle Bybeltekste wat in hierdie publikasie
aangehaal word, geneem uit die 1983-vertaling met herformulerings
van die Bybel in Afrikaans
Kopiereg © 1983 Bybelgenootskap van Suid-Afrika
Met toestemming

Ontwerp en geset in 14 op 16 punt cgLisbon
deur Martingraphix

Gedruk en gebind deur NBD/Paarl Print
Drukkerystraat, Kaapstad, Suid-Afrika

Eerste uitgawe, eerste druk 2002

ISBN 0 7963 0041 0

Spesiaal vir Ouma

Saamgestel deur
Annake Müller

LUX VERBI.BM

Sproeireën

My nooi is in 'n nartjie,
my ouma in kaneel.
daar's iemand ... iemand in anys,
daar's 'n vrou in elke geur!

As ek 'n stukkie nartjieskil
tussen my vingers buig of knak,
breek uit die klein sproeireën
wat geurend om my hande uitsak,
die boorde weer van Swartfoloos
en met die nartjies om my heen
weet ek hoe dat 'n vrou kan troos.

O my nooi is in 'n nartjie,
my ouma in kaneel.
daar's iemand ... iemand in anys,
daar's 'n vrou in elke geur!

– DJ Opperman in *Ouma in kaneel*

Inhoudsopgawe

Wat is 'n ouma?	1
Hoe kwalifiseer 'n mens vir 'n ouma?	2
Hoe lyk 'n ouma?	3
Waaraan ken 'n mens 'n ouma uit?	3
Wat doen 'n ouma nooit?	8
Wat leer 'n ouma 'n mens?	8
Watter doel vervul 'n ouma?	9
Watter voordele hou 'n ouma in?	10
Watter rol vervul 'n ouma in die samelewing?	10
Wat is die samelewing se verpligting teenoor 'n ouma?	11
Wat is 'n ouma se verpligting teenoor die samelewing?	12
Wat beteken dit om 'n ouma te word en te wees?	13
Wat het 'n ouma oor 'n kleinkind te sê?	14
Wat het 'n kleinkind oor 'n ouma te sê?	15
Gedagtes oor die dood	16
Gedagtes oor droefheid	17
Gedagtes oor eensaamheid	18
Gedagtes oor ervaring	21
Gedagtes oor geloof	22
Gedagtes oor herinnering	23
Gedagtes oor hoop	24

Gedagtes oor ingesteldheid 25

Gedagtes oor ouderdom 28

Gedagtes oor oudword 36

Gedagtes oor probleme 38

Gedagtes oor pyn en lyding 39

Bronnelys 41

Wat is 'n ouma?

'n Ouma is 'n tannie wat geen kinders van
haar eie het nie,
daarom hou sy van ander mense
se klein dogtertjies.
– *Méér gesinskrag*

Wat is 'n ouma?
Hulle is leermeesters wat deur hul voorbeeld leer.
– Solly Ozrovech in *Ek noem jou ... vriend*

Oumas is 'n samestelling van
werkvoos hande na 'n leeftyd se swoeg,
'n liefdevolle hart en eindelose verhale
van die dae toe haar familie nog jonk was.
– Elizabeth Faye in *Aan Ouma, met liefde*

Ouma is Ouma.
Daar is niemand anders soos sy nie en
daar kan ook nie iemand anders soos sy wees nie.
– Henrietta Nel in *Stories met stekies*

Ouma.
'n Geskenk van God met hope tyd vir jou
wat jou met warm drukkies en tere liefde omvou.
– Anoniem in *Aan Ouma, met liefde*

Grootouers.
God maak grootouers as deel van sy wil,
met 'n plek in 'n kind se lewe wat hul alleen kan vul.
– RK Cecil in *Aan Ouma, met liefde*

Hoe kwalifiseer 'n mens vir 'n ouma?

Oumas hoef niks te doen nie,
behalwe om daar te wees.
Hulle is oud, daarom hoef hulle nie
rof te speel of te hardloop nie.
– *Méér gesinskrag*

Oumas hoef nie slim te wees nie,
hulle moet net vrae beantwoord
soos hoekom honde katte jaag.
– *Méér gesinskrag*

Hoe lyk 'n ouma?

Oumas is biekie fet, maar nie so fet
lat hulle nie mens se skoene kan vasmaak nie.
– Nina Smit in *Ouma in kaneel*

Oumas dra brul en partymalle haal hulle
hulle tanni yt.
– Nina Smit in *Ouma in kaneel*

Waaraan ken 'n mens 'n ouma uit?

Oumas loop altyd mooi starag by
mooi blomme en blaare verby, ok goggakies.
– Nina Smit in *Ouma in kaneel*

Die kenmerkende houding van 'n oupa en ouma is
om wydsbeen te staan met oop arms.
Hulle geliefkoosde vraag is: "Wat wil julle doen?"
Hul gunstelingwoorde is: "Ons is lief vir julle."
– Solly Ozrovech in *Ek noem jou ... vriend*

In Ouma se huis
is daar altyd wat:
'n koekie of lekkers,
'n gebakte patat.
En vra 'n mens haar
wat jy kan kry,
dan sê sy alles is joune,
ja, alles, sê sy.
– Hester Heese in *Ouma in kaneel*

Oupa en ouma gesels net oor
die dinge wat jy verstaan
en hulle maak self jou veters vir jou vas.
– Solly Ozrovech in *Ek noem jou ... vriend*

Die meeste oumas hou van aanraking.
Hulle gee drukkies, hulle streel,
hulle paai, hulle koester.
Selfs wanneer ons groot is,
vind hulle redes om
met hulle hande oor ons te streel
of ons hare deurmekaar te vryf ...
– Anoniem in *Aan Ouma, met liefde*

As hulle stoories lees, los hulle niks yt nie.
– Nina Smit in *Ouma in kaneel*

Ek gun jou die herinneringe van oupas en oumas
– outydse soetkoekies
– moerkoffie
– handgebreide truie en speelgoed.
– Antoinette Brink in *Iets spesiaals vir iemand spesiaal*

Net 'n ouma laat kinders soetgoed vóór ontbyt
toe en roer skelmpies ekstra suiker – vir liefde –
by die pap. By haar huis kan jy pens en pootjies
bo-op die bed kerjakker en drie keer roomys vra
sonder om aan goeie maniere herinner te word.
'n Ouma laat jou nog vleis en nagereg skep
sonder groente daarby en vryf jou gou-gou droog
ná badtyd, al kan jy dit lankal self doen.
Met haar bril op, kan 'n ouma die lettertjies van
'n sprokie lees en fyn kettingstekies uit
die hekelpen tower. Sy bak die lekkerste koekies
in die wye wêreld en laat klein handjies selfs toe
om te knie, te meng én te mors.
– Alta Beetge in *Kontrei-kletsies*

Ouma Ella, wie se wye verskeidenheid
sakdoeke nou, tien jaar ná haar dood,
aan die opdroog is in my kas,
het selfs 'n swart sakdoekie gehad
van die fynste Switserse katoen om
by begrafnisse tog nie aanstoot te gee nie.
– Cecile Cilliers in *Reënboogmense reënboogland*

My ouma was baie godsdienstig en
het tot my groot verleentheid niks daarvan gedink
om vir die seuns wat in my tienerjare by my
kom kuier het, te vra om hulle getuienis te gee nie!
– Nina Smit in *Meisie-wees*

As jy bang is vir die see, sal Ouma en Oupa
jou kom haal en saamneem water toe;
as jy te dapper is,
sal hulle naby jou bly sodat
jy nie te diep ingaan nie.
Hulle sal saam met jou stilstaan en
'n brulpadda bespreek;
vir jou probeer verduidelik wat dit beteken
dat husse lang ore het
en waarom die son soms skyn as dit reën.
– Solly Ozrovech in *Ek noem jou ... vriend*

Here, soms maak my ouma my so opstandig
as sy so te velde trek teen die moderne jeug
en teen kleredrag en mense en sedes
en so aanhoudend kla oor al haar baie siektes.
Dan wonder ek of sy ooit jonk was
en dan voel dit vir my of ons twee mekaar
nooit sal verstaan nie.

Hulle (die kleinkinders) weet dat op ouma en oupa
kan hulle staatmaak vir baie dinge:
'n ekstra vakansiegeldjie;
liefdevolle soentjies; hope slaaptydstories;
baie gesels en lag en leer;
baie stap
en veral ... baie drukkies.
– Solly Ozrovech in *Ek noem jou ... vriend*

Hier is die enigste persent wat ek jou kan gee ...
Ek het niks geld nie. Nie 'n huis nie.
Maar wel 'n storie!
– Maxine Hong Kingston in *Die aand is vol lig*

Wat doen 'n ouma nooit?

Hulle sê nooit kom tog nou of
in hemilsnaam moet tog nie so draai nie.
– Nina Smit in *Ouma in kaneel*

Hulle soek nie foute of mislukkings nie;
hulle vergewe dit.
Hulle onthou nie dat jy jou laaste sakgeld op
'n dwaasheid geblaas het nie;
hulle vergeet dit.
Hulle slaan nie bladsye oor as hulle vir jou lees nie.
Hulle raak nie haastig as jy by die dam staan en
kyk hoeveel maal jy 'n plat klip
op die water kan laat spring nie.
– Solly Ozrovech in *Ek noem jou ... vriend*

Wat leer 'n ouma 'n mens?

My ouma het my geleer om
in wonderwerke te glo.
– Lilly Mary Virgil in *Aan Ouma, met liefde*

Ja, Ouma, by jou het ek baie geleer:
van kleingeld, van liefhê, van tevrede wees,
en dat 'n mens 'n plig het hier op aarde
om te doen wat jou hand vind om te doen,
want niemand het jou belowe
dat die hemel jou straatnommer sal hê nie.
– Jan Nel in *'n Leksel sout uit die maande*

Watter doel vervul 'n ouma?

Om te verhoed dat ons sal ophou om
'n veldblom raak te sien, of 'n dounat spinnerak,
of 'n miskruier wat sy bolletjie lustig voortrol,
het God hierdie mense ('n ouma en
'n oupa) in ons lewe geplaas.
– Solly Ozrovech in *Ek noem jou ... vriend*

Hulle is maar net altyd daar,
veral vir die kleinkinders.
– Solly Ozrovech in *Ek noem jou ... vriend*

Watter voordele hou 'n ouma in?

Hulle (oumense) verrig menige
dienste waarvoor ander
vergoeding sou eis.
– Phil Bosmans in *JA! Slegs die optimiste sal oorleef!*

Watter rol vervul 'n ouma in die samelewing?

Oudword mag beteken dat jy die krag
om dinge te doen, begin verloor,
maar jy verloor selde die wysheid om oor
die dinge te dink en dit te beoordeel. Al is
ouer mense dus nie meer die beste bestuurders nie,
is hulle beslis die beste raadgewers en konsultante.
– Christian Bovee

Hulle (oumense) is vir ons afgestompte samelewing die wegwysers na egte, diepe lewenswaardes, omdat hulle ons so dikwels met humor wys op die betreklikheid van alles waarvoor ons so hard baklei!
– Phil Bosmans in *JA! Slegs die optimiste sal oorleef!*

Wat is die samelewing se verpligting teenoor 'n ouma?

Maak tyd vir oumense. Daar word te veel óór hulle gepraat, oor hulle pensioen, hulle gesondheid, huisvesting en vryetydsbesteding, maar daar word te min mét hulle gepraat.
– Phil Bosmans in *JA! Slegs die optimiste sal oorleef!*

Wat is 'n ouma se verpligting teenoor die samelewing?

Ons moet leer aanvaar om oud te word;
jou terug te trek uit 'n aktiewe bestaan;
jou nie te verset teen die vooruitsig van die dood nie.

– Paul Tournier in *'n Keur van wysheid*

As 'n mens lank lewe,
moet jy oor alles dankbaar wees.

– Jan Strydom in *Altyd jonk van gees*

Die las van jare, ouderdomsverdriet
– die kers wat uitbrand tot die blaker-blik –
skenk my geduld om dit te dra, verkwik
deur wat die tyd wat voorlê nog kan bied.

– C Leipoldt in *'n Keur van wysheid*

Wat beteken dit om 'n ouma te word en te wees?

Dit beteken dat ek nie meer net ek is nie.
Dit beteken dat ek nie meer net my ma se kind,
net my man se vrou, net my dogter se ma is nie.
Nee, ek het nou iets anders geword. Sonder my
eie toedoen, sonder my eie toestemming, teen wil en
dank het ek iets anders geword: Ek is nou 'n ouma.
– Audrey Blignaut, *Die onwennige ouma*, in *Ouma in kaneel*

Net sodra 'n vrou dink haar werk is klaar,
word sy 'n ouma.
– Edward H Dreschnack in *Aan Ouma, met liefde*

Om 'n ouma te word is om 'n geweldige
eretitel op 'n mens te neem.
– Audrey Blignaut, *Die onwennige ouma*, in *Ouma in kaneel*

Ouma-wees behels om te bid en te speel.
– Anoniem in *Aan Ouma, met liefde*

Om 'n ouma te word is om
aan 'n waardige status te voldoen,
om 'n vername rol te aanvaar.
– Audrey Blignaut, *Die onwennige ouma*, in *Ouma in kaneel*

Wat het 'n ouma oor 'n kleinkind te sê?

Kleinkinders maak 'n ouma en oupa
se hart twee maal bly:
wanneer hulle kom en wanneer hulle gaan.
– Solly Ozrovech in *Ek noem jou ... vriend*

Volmaakte liefde ontwyk ons soms
totdat die eerste kleinkind sy opwagting maak.
– Walliese spreekwoord in *Aan Ouma, met liefde*

Kleinkinders is God se vergoeding vir die ouderdom.
– Anoniem in *Aan Ouma, met liefde*

Wat het 'n kleinkind oor 'n ouma te sê?

As niks reg wil uitwerk nie,
bel jou ouma.
– Italiaanse spreekwoord in *Aan Ouma, met liefde*

Jy's 'n seën in my lewe. Ek dank God jy's daar,
en ek dank Hom vir die tyd wat ons gee vir mekaar.
Jy't my lewe kom verryk, en ek wil net graag sê,
jy is die beste ouma wat enige kind kan hê.
– RK Cecil in *Aan Ouma, met liefde*

'n Beter belegging as 'n ouma in die huis kry jy nie.
– Maretha Maartens in *Vygies en ander vreugdes*

Oumas is spesiaal, dit besef elke kleinkind terdeë;
daar is geen groter liefde as dié wat 'n ouma gee.
– RK Cecil in *Aan Ouma, met liefde*

Ongeag wat jy doen,
jou ouma dink dit is wonderlik.
– Judith Levy in *Aan Ouma, met liefde*

Gedagtes oor die dood

Onder u toorn vlieg ons dae en skiet ons jare verby soos 'n gedagte. Ons lewe maar sewentig jaar, of, as ons baie sterk is, tagtig, en dié is vol swaarkry en leed. Dit is gou verby, ons vlieg na ons einde toe.
– Psalm 90:9-10

Ongelukkig is hy wat die dood begeer;
maar nog ongelukkiger is hy wat dit vrees.
– Zinkgret, *Apophthegm*, in *Die groot aanhalingsboek*

Jy sal op 'n rype ouderdom die graf ingaan
soos 'n gerf wat op sy tyd
na die dorsvloer toe gebring word.
– Job 5:26

Wie in die gedagtes van sy geliefdes leef,
is nie dood nie, hy is net ver.
– J von Zedlitz in *Die groot aanhalingsboek*

As jy in die laaste paar jaar nie
van 'n belangrike opinie ontslae geraak
of 'n nuwe een aangeneem het nie,
voel jou pols. Jy is dalk dood.
– Gelett Burges in *Die mag van positief dink*

Dis die een pad wat ons alleen,
heeltemal alleen, moet stap.
– Solly Ozrovech in *Stilwordtydjies vir vroue wat wysheid kort*

Maak seker dat die ding waarvoor jy lewe
werd is om voor te sterf.
– Charles Mays in *Die mag van positief dink*

Gedagtes oor droefheid

Droefheid kan ons skaad en skend,
óf dit kan ons verander
om ander se hartseer
beter te verstaan
– Eleanor Doan in *The Speaker's sourcebook*

Gedagtes oor eensaamheid

Bid wanneer jy eensaam voel.
Gebed plaas jou in die teenwoordigheid van engele.
– 24 Februarie, *Dagbeplanner vir die vrou 2001*

Om te vra om alleen te wees,
kan 'n voorreg wees,
maar om eindelik heeltemal alleen gelaat te word,
daarin lê die begin van verwerping en eensaamheid.
– Jan Nel in *'n Leksel sout uit die maande*

Eensaamheid kan deel word
van enigiemand se lewe –
maar veral van diegene wat
hulself vir die eerste keer
"buite die kring" bevind.
Hoewel baie goedhartiges kan
probeer om hom te betrek,
is dit hoofsaaklik jóú verantwoordelikheid
om te bly uitreik na ander.
– Vertaal en verwerk uit *Elf-help for a happy retirement*

Ek kan die alleenheid opsoek
omdat ek eensaam is,
maar dit hóéf nie die geval te wees nie.
Ek kan ook die alleenheid opsoek
omdat ek nié eensaam is nie,
omdat ek 'n keer insae in my eie hart wil hê,
op hoogte wil kom van my eie voorrade
en wil afweeg wat ek van ander geleer het.
Wie hierdie soort eensaamheid ken,
sal nie eensaam wees nie,
en wie eensaam is,
moet hierdie alleenheid leer.
– Johan Heyns in *Gebede vir 'n tyd van eensaamheid*

Wat is eensaamheid?
Dit is baie meer as alleenheid.
Dis 'n fisieke én geestelike afsondering.
Eensaamheid is om buite die kring
van die lewe te wees,
'n apart-mens wat besoek en behandel word,
maar wat nie kan sáámleef nie.
– Johan Smit in *Gebede vir 'n tyd van eensaamheid*

As die eensaamheid daarin slaag
om ons ons lewensin te ontneem,
het ons die sin van die tyd
nog nie mooi verstaan nie.
En as ons die sin van die tyd
nog nie mooi verstaan nie,
kom ons lewenswysheid kort.
En as ons lewenswysheid kortkom,
is dít nie dalk die rede waarom ons trein hier
op Niemandsvlakte tot stilstand geruk word nie?
— Nina Smit in *Gebede vir 'n tyd van eensaamheid*

Eensaamheid kan nie 'n eindstasie wees nie,
maar wel 'n oorklimplek.
En as jy moet oorklim,
alleen moet oorklim,
gaan daar Een saam.
Een wat vertrou kan word,
Een wat jou nie sal verlaat nie,
Een wat die roete enduit ken.
— Ferdinand Deist in *Gebede vir 'n tyd van eensaamheid*

Eensaamheid en die gevoel dat
niemand jou nodig het nie,
is die vreeslikste armoede.
– Moeder Teresa in *Meisie-wees*

Gedagtes oor ervaring

Die jeug maak die fout om te glo
dat intelligensie ervaring kan vervang;
die ouer geslag maak dieselfde fout: om te dink
ervaring kan 'n plaasvervanger vir intelligensie wees.
– Anoniem

Ervaring is die kam
wat die natuur ons gee
wanneer die lewe ons
al pankop gemaak het.
– Belgiese spreekwoord in *Woorde wat waar bly*

Ervaring is om
'n hele klomp goed te weet
wat jy nie moet doen nie.
– William Knudson in *Die mag van positief dink*

Moenie net iets uit elke ervaring leer nie;
leer iets positiefs.
– Allen H Neuharth in *Die mag van positief dink*

Moet nooit, nooit ophou groei nie.
Plato's hoort net in aardrykskundeboeke,
nie in persoonlike ervaring nie.
– *Die mag van positief dink*

Gedagtes oor geloof

Geloof is … 'n gawe, 'n geskenk.
– Murray Janson in *Geloof die pad na geluk*

Geloof gee jou 'n motiverende krag wat
jou selfs teen die sterkste stormwind
laat bly beur op pad na jou bestemming.
– Jannie le Roux in *21 stappe tot die kweek van 'n lewe waaroor jy mal is*

Geloof is die leë hand waarmee
ons God se hand vat.
– Calvyn in *Geloof die pad na geluk*

> Geloof is vertroue op wat
> ons nie kan sien nie.
> – Yolanda Dreyer in *Loflied aan die lewe*

Gedagtes oor herinnering

> Onthou jou voormoeders in die geskiedenis.
> Hulle dapper stryd om geregtigheid teenoor vroue,
> hul moed om verandering af te dwing,
> het vir jou die weg gebaan.
> Eien hierdie nalatenskap vir jou toe.
> Moenie dat dit ooit weer
> uit jou hande glip nie.
> – 2 Augustus, *Dagbeplanner vir die vrou 2001*

> As 'n mens gedurig terugkyk, leef jy in die verlede.
> Sulke mense treur oor wat was en
> hul siel eggo later hul treurmare.
> – Solly Ozrovech in *Ek noem jou ... vriend*

> Weet jy wat die plooie op ouma se gesig eintlik is?
> Dit is die plekke waar haar herinneringe wegkruip.
> – Nina Smit in *Ouma in kaneel*

Die roem van die voorouers
is 'n lig vir die nageslag.
– Sallustius in *Liefste Ouma*

Om jou ware ouderdom weg te steek,
is om jou herinneringe uit te wis.
– Simon Arletti

Lieflike herinnerings uit ons jeug
kan ons lewenslank goed troos,
opbeur, krag gee,
en soms selfs op ons oudag
reddende engele word.
– C van Nievelt in *Liefste ouma*

Gedagtes oor hoop

Optimisme is geloof in mense –
dat hulle in staat sal wees om ons in ons nood te help.
Hoop is die seker wete dat die almag van God
wel in staat is om ons nood te verander.
– Carlo Caretto in *Waar is God as ek hom die nodigste het?*

Ek weet nie wat die toekoms inhou nie,
Maar ek weet Wie die toekoms
in sy hande hou.
– E. Stanley Jones in *Woorde wat blom*

Gedagtes oor ingesteldheid

Verander jou gedagtes en jy verander jou wêreld.
– Norman Vincent Peale

Ek het altyd gesê: "Ek hoop dinge verander."
Toe het ek geleer die enigste manier
waarop hulle sal verander,
is as ek self verander.
– Jim Rohn in *Man met balans*

Vroegtydige geestelike voorbereiding
vir bejaardheid is noodsaaklik!
Ons moet betyds leer om die regte kommunikasiestyl,
die regte lewensingesteldheid en
die regte prioriteite te hê.
– Maretha Maartens in *3 minute stilte vreugdekruid en vrede*

Oordeel 'n man (vrou) se wysheid
aan die hoeveelheid hoop
wat hy (sy) uitstraal.
– Ralph Waldo Emerson in *Man met balans*

Hoe oud ek of enigiemand anders is,
interesseer my glad nie.
'n Mens is doodeenvoudig so oud soos jy voel.
– Elizabeth Arden

Rimpels op ons gelaat is niks nie,
dis die rimpels op ons gemoed wat tel.
Die mens se gees moet nooit oud word nie.
– James Garfield

Daar is net 'n diepteverskil tussen 'n groef en 'n graf.
– Solly Ozrovech in *Ek noem jou ... vriend*

Elkeen van ons het by wyse van spreke
twee "ekke" in ons binneste ...
Die één hoop, maar die ander is moedeloos.
– Willie Jonker in *Man met balans*

... en wanneer jy oud is
knip jou hare borselkop
skeer 'n skaap
rook Turkse sigare
dra ringe in jou tone
en klokkies in jou oor
want wie wil nou 'n kombers
oor jou knieë vou
en aan die slaap skommel
in die stowwerige arms
van Vader Tyd?
As ons dan moet oud word,
kom ons doen dit terwyl
ons *skinny dip* en vry
en vryer voel en
dink 'n nuwe soen uit
as jy oud is,
want môre het jy stof in
jou skoene en hare en dan
is jy net
stof
tot
stof
Wanneer jy oud is ...
– Antoinette Brink in *Iets spesiaals vir iemand spesiaal*

Optimisme is 'n intellektuele keuse.
– Frederik van Zyl Slabbert in *Fyn & silwer woorde*

Die tragiese is nie dat mense sterf
wat nog kon gelewe het nie,
maar dat mense sterf
terwyl hulle nog lewe.
– Albert Schweitzer in *Fyn & silwer woorde*

Dit maak nie saak hoe lank
jy lewe nie, maar hóé.
Dit maak nie saak hoe oud
jy is nie, maar hoe jy oud is.
– PJ Bailey in *Fyn & silwer woorde*

Gedagtes oor ouderdom

Afkyk het ek afgeleer:
net wie nog jonk is,
kyk met durf in die gesig van mense.
– Wilma Stockenström, *Vir die bysiende leser*, in *Die groot aanhalingsboek*

Ek is tot die gryse ouderdom toe
kosbaar vir God.
– Maretha Maartens in *3 minute stilte vreugdekruid en vrede*

Ek weier om te erken dat ek ouer as 52 is,
selfs al maak dit my seuns buite-egtelik.
– Lady Astor

Al hoe meer vereenselwig ek my met die bejaarde
dame in die ouetehuis wat sê: "Ek mis myself so."
– Hennie Aucamp in *'n Keur van wysheid*

Daar is niks waaronder die liggaam ly
wat nie tot voordeel van die siel strek nie.
– George Meredith in *Aan Ouma, met liefde*

Mense is so jonk soos hulle geloof in God,
so oud soos hulle twyfel;
so jonk soos hulle selfvertroue,
so oud soos hulle vrese;
so jonk soos hulle hoop,
so oud soos hulle oorgawe aan die wanhoop.
– Douglas MacArthur in *Affodille in die woestyn*

Hoe ouer ek word, hoe meer
wantrou ek die bekende leerstelling dat
ouderdom wysheid bring.
– HL Mencken

Almal is te jonk om dood te gaan,
maar jy is nooit te oud om te leef nie.
– Anoniem

Om 70 jaar jonk te wees is soms baie meer
en hoopvol as om 40 jaar oud te wees.
– Oliver Wendell Holmes

Ek sal daarvan hou om so stadig moontlik
oud te word.
– Irene Mayer Selznick

God roep mense uit alle ouderdomsgroepe:
kleuters, tieners, veertigjariges en dié bo honderd.
Daarom word jou lewenstaak vorentoe
nie deur jou ouderdom bepaal nie,
maar deur God.
– Kobus Anthonissen in *Dansend na die lig*

Hoeveel 'n mens geleef het,
hang nie af van hoe lank jy geleef het nie,
maar van hoe jy geleef het.
Gebruik dus jou lewe met wysheid solank jy dit het.
– Michel de Montaigne

Jy weet jy word oud as die kersies
meer as die koek kos.
– Anoniem

As ons die ouderdom groet soos 'n vriend,
behandel hy ons sagter as wanneer
ons hom beveg soos 'n vyand.
– Dorothy Dix in *Woorde van vroue*

Jy hou nie op om te lag omdat jy ouer word nie,
jy word ouer omdat jy ophou lag.
– Anoniem

Wanneer 'n ouer vrou bemin word,
blom sy soos 'n krokus in die hartjie van die winter.
– Duitse gesegde in *Mini-stories vir die lewe*

'n Drukkie ...
vertraag die verouderingsproses:
mense wat drukkies gee (of ontvang) bly langer jonk.
– Kathleen Keating in *Drukkies ... wanneer die wêreld druk*

Om oud te word is nie altyd aangenaam nie,
maar dit bly God se genadegawe vir almal
wat kort duskant die Hemel woon.
– Jan Strydom in *Altyd jonk van gees*

Here, moenie dat ek so bang wees
om oud te word nie.
Laat my liewer in vreugde uitreik na vervulling,
dan kan elke dag opnuut deur U
in krag en skoonheid herbore word.
– Marjorie Holmes in *Ek moet met iemand praat, Heer*

Is jou hare grys
of nog mooi swart?
Nie een van die twee dui
die ouderdom van jou hart aan nie.
– MF Ellis

Die ouderdom is deel van God se plan met die lewe.
– Solly Ozrovech in *Seisoene van die siel*

Bejaardheid is 'n bonus wat
God aan sy kinders gee.
– Solly Ozrovech in *Seisoene van die siel*

As ek geweet het ek gaan so oud word,
sou ek beter na myself gekyk het.
– James Thurber

As ons ouer word, begenadig God ons met jare
wat rypheid, ervaring, rustigheid,
wysheid en vrede meebring.
– Solly Ozrovech in *Seisoene van die siel*

As vriende jou komplementeer met hoe jonk jy lyk,
is dit 'n seker teken dat jy oud word.
– Mark Twain

Of ons dit wil erken of nie:
as 'n mens ouer word, is dit nie net
jou fisieke moontlikhede wat verminder nie,
maar ook jou vermoë om nuwe dinge te sien.
– Willie Jonker in 'n *Keur van wysheid*

Hulle wat waarlik liefhet, word nooit oud nie.
– Sir Arthur Wing Pinero in *Iets spesiaals vir iemand spesiaal*

Die een dag jaag jy nog om
jou sake gedaan te kry,
oorwerk maar aan die gang,
deel van die lewe se masjinerie.
Dan word jy geleidelik maar
onverbiddelik uitgeskakel totdat jy
op 'n dag besef dat die masjinerie
sonder jou voortspoed –
en niemand merk dit eens op nie.
– Marjorie Holmes in *Die lied van 'n vrou*

Winterdae is dae van lewensondervinding.
Wintermense het reeds 'n hele leeftyd agter die rug.
– Solly Ozrovech in *Seisoene van die siel*

Liefde laat jou nie die jare tel nie –
dit beteken om die jare te laat tel.
– Wolfman Jack Smith in *Iets spesiaals vir iemand spesiaal*

In die hart van elke mens is daar
'n put van liefde wat
so diep is dat
géén tydsverloop dit kan
laat vries nie.
– Bulwer Lytton in *Iets spesiaals vir iemand spesiaal*

Daar is altyd lente in die hart van
dié wat God bemin.
– Jean-Marie Vianney in *Dagbeplanner vir die vrou 1999*

Liefde is 'n vlam wat neig om
met die tyd dowwer te brand.
Maar elke keer wanneer 'n mens
onselfsugtige liefde gee
aan 'n ander,
vat die vuur weer vlam.
– JW von Goethe in *Asemskep-oomblikke met God*

Tyd ... is 'n gewyde geskenk,
en elke dag is 'n stukkie lewe.
– John Lubbock in *Dagbeplanner vir die vrou 1999*

Stres maak oud, ja. Dit gee plooie en grys hare.
Dit veroorsaak hartsiektes en vele ander kwale.
– Judy Venter in *Op die ligpad van die liefde*

Vreugde vermenigvuldig in 'n hart
wat oorloop van liefde.
– Moeder Teresa in *Dagbeplanner vir die vrou 1999*

Gedagtes oor oudword

Die mense wat sogenaamd "mooi" oudword,
is hulle wat vroeg in hul lewe al besluit het
om altyd "in oefening" te bly: fisiek, sosiaal,
intellektueel en emosioneel.
– Eric Pheiffer in *Woorde wat waar bly*

Die ou mens word langsaam deurskynend
want hy staan teen die Ewige Lig;
en ligter en ligter die ou mens
soos die skaduwees om hom verdig.
– Hennie Aucamp in *Die aand is vol lig*

Oudword is 'n siekte waarvan jy die simptome
altyd ignoreer totdat
jy eendag wakker word en moet erken
dat jy dit beslis het.
– Moms Mabley

Toe ek die dag na die ouetehuis vertrek het,
was dit asof ek soos 'n boom ontwortel is.
– Kobus Anthonissen in *Die aand is vol lig*

Ek raak uit voeling met my vriende,
my kennisse word minder;
die ouderdom lê swaar op my;
my kranklikhede word al sigbaarder –
Dit vul my hart met donkerte.
— Simone de Beauvoir in *Die aand is vol lig*

Ons is swerwers deur die ewigheid;
ons lewensbootjie dryf maar voort ...
En wie weet waar ons tereg sal kom?
— Lord Byron in *Die aand is vol lig*

Die vriendekring krimp onvermydelik
soos mens ouer word.
— Cecille Cilliers in *Reënboogmense reënboogland*

Om oud te wees is draagliker as om oud te word.
— Fliegende Blätter in *Woorde wat waar bly*

"Oudword is nie vir sissies nie."
— Een bejaarde aan 'n ander

Uit eerbied vir jou God moet jy eerbied bewys
aan oumense en hulle met respek behandel.
- Levitikus 19:31

38
Ouderdom is 'n sierlike kroon.
– Spreuke 16:31

Ook tot in julle ouderdom is Ek die Here,
Tot in julle grysheid sal Ek julle dra.
Ek het julle gemaak en Ek sal julle vashou,
julle dra en julle red.
– Jesaja 46:4

Hulle vind hulle krag in die huis van die Here
en groei op in die tempel van ons God. Selfs in hulle
ouderdom sal hulle nog toeneem in krag.
Hulle sal fris en lewenskragtig wees
– Psalm 92:14-15.

Gedagtes oor probleme

God gee ons nie oplossings vir al ons lewensprobleme nie,
maar Hy skenk vérlossing van angs,
sodat ons ons probleme kan hanteer.
– Daniël Louw in *Waarom? Daarom!*

Probleme, beproewings en terugslae is
die plaveiklippe waarop ons
as gelowiges ons lewenspad loop.
– Jan Strydom in *Altyd jonk van gees*

39

Die lewe se probleme is bedoel
om ons beter te maak –
nie bitter nie.
– *Die mag van positief dink*

Moet my tog nie verwerp nou dat ek oud geword het nie,
moet my tog nie alleen laat nou dat
my kragte ingegee het nie.
– Psalm 71:9

Gedagtes oor pyn en lyding

Wees trots op daardie plooitjies
en rimpels op jou gesig!
Dié om jou oë vertel van baie jare
se humor en skaterlag.
Die plooie op jou voorkop en om die mond
vertel van pyn en kommer en lyding,
en dit wys jy het geléwe; jy kan ander se pyn begryp.
– Ruth Bell Graham

God huil saam met ons
sodat ons eendag saam met Hom kan lag.
– Jürgen Moltmann in *Waar is God as ek hom die nodigste het?*

Wanneer pyn oor ons pad kom,
help 'n bietjie moed meer as
al die slim antwoorde op ons vrae
waarom dié ellende met óns gebeur het.
'n Bietjie simpatie van 'n medemens
help nog meer as al ons moed.
En die geringste gewaarwording van
God se liefdevolle hande rondom ons
in ons pyn – dit help die meeste van alles.
– CS Lewis in *Waar is God as ek hom die nodigste het?*

Aanvaar die pyn; onthou die les;
maak jou keuse en leef met dankbaarheid!
– Terblanche Jordaan in *Metronoom III*

Bronnelys

Anthonissen, Kobus 1993. *Dansend na die lig.* Kaapstad: Lux Verbi.

Anthonissen, Kobus 1994. *Die aand is vol lig.* Kaapstad: Lux Verbi.

Beetge, Alta 1994. *Kontrei-kletsies.* Kaapstad: Lux Verbi.

Bosmans, Phil 1984. *JA! Slegs die optimiste sal oorleef!* Vereeniging: Christelike Uitgewersmaatskappy.

Brink, Antoinette 1997. *Iest spesiaals vir iemand spesiaal.* Kaapstad: Lux Verbi.

Burger, Cecile ea 2000. *Loflied van die lewe.* Vanderbijlpark: Carpe Diem Boeke.

Cilliers, Cecile 1995. *Reënboogmense reënboogland.* Kaapstad: Lux Verbi.

Claassen, George et al 1998. *Die groot aanhalingsboek.* Kaapstad: Human & Rousseau.

Dagbeplanner vir die vrou 1999. Kaapstad: Lux Verbi.

Dagbeplanner vir die vrou 2001. Wellington: Lux Verbi.BM.

Fyn & silwer woorde 1992. Kaapstad: Lux Verbi.

Hanekom, Braam 2001. *Man met balans.* Wellington: Lux Verbi.BM.

Holmes, Marjorie 1977. *Ek moet met iemand praat, Heer.* Pretoria: Human & Rousseau Uitgewers.

Holmes, Marjorie 1985. *Die lied van 'n vrou.* Pretoria: Human & Rousseau.

Janson, Murray *Geloof die pad na geluk.* Pretoria: Aktuapers.

Jordaan, Terblanche 2001. *Metronoom III.* Kaapstad: Tafelberg Uitgewers.

Keating, Kathleen 1989. *Drukkies ... wanneer die wêreld druk.* Kaapstad: Lux Verbi.

Le Roux, Jannie 2001. *21 stappe tot die kweek van 'n lewe waaroor jy mal is!* Vanderbijlpark: Carpe Diem Boeke.

Liefste Ouma 1995. Kaapstad: Waterkant-Uitgewers.

Maartens, Maretha 1992. *Vygies en ander vreugdes.* Vereeniging: Christelike Uitgewersmaatskappy.

Maartens, Maretha 2001. *3 minute stilte vreugdekruid en vrede.* Wellington: Lux Verbi.BM.

Maxwell, John C 2001. *Die mag van positief dink*. Kaapstad: Struik Christelike boeke.
Mills, San-Mari (samesteller) 2000. *Aan Ouma, met liefde*. Vereeniging: Christian Art.
Mills, San-Mari (samesteller) 2000. *Liefdevolle harte*. Vereeniging: Christian Art.
Méér gesinskrag 2000. Wellington: Lux Verbi.BM.
Naudé, Piet (samesteller) 1998. *Mini-stories vir die lewe*. Kaapstad: Lux Verbi.
Nel, Henrietta 1998. *Stories met stekies*. Pretoria: JL van Schaik Uitgewers.
Nel, Jan 1996. *'n Leksel sout uit die maande*. Kaapstad: Tafelberg-Uitgewers.
O'Neal, Ted 2001. *Elf-help for a happy retirement*. St Meinrad: Abbey Press.
Ozrovech, Solly 1995. *Seisoene van die siel*. Kaapstad: Struik Christelike Boeke.
Ozrovech, Solly 1997. *Ek noem jou vriend*. Vereeniging: Christelike Uitgewersmaatskappy.
Ozrovech, Solly 2001. *Stilwordtydjies vir vroue wat wysheid kort*. Vanderbijlpark: Finesse Produksie.
Simundson, Daniël J 2001. *Waar is God as ek hom die nodigste het?* Wellington: Lux Verbi.BM.
Smit, Nina 1984. *Vreugde oor vriendskap*. Kaapstad: Lux Verbi.
Smit, Nina 1996. *'n Keur van wysheid*. Vereeniging: Christelike Uitgewermaatskappy.
Smit, Nina 1997. *Meisie-wees*. Kaapstad: Lux Verbi.
Smit, Nina 1999. *Gebede vir 'n tyd van eensaamheid*. Kaapstad: Lux Verbi.
Smit, Nina 2000. *Ouma in kaneel*. Wellington: Lux Verbi.BM.
Smit, Nina 2001. *Affodille in die woestyn*. Wellington: Lux Verbi.BM.
Smit, Nina 2001. *Asemskep-oomblikke met God*. Kaapstad: Lux Verbi.
Steenkamp, Estelle 1996. *Woorde wat waar bly*. Kaapstad: Struik Christelike Boeke.
Strydom, Jan 2001. *Altyd jonk van gees*. Wellington: Lux Verbi.BM.
Venter, Judy 1995. *Op die ligpad van die liefde*. Kaapstad: Lux Verbi.
Wees 'n sonskynmens in 'n skemer wêreld 1996. Vereeniging: Christian Art.
Woorde van vroue 1995. Kaapstad: Lux Verbi.
Woorde wat blom 1991. Kaapstad: Lux Verbi.
Zug, R.B. 1997. *The speaker's quote book*. Grand Rapids: Kregel.